DECLARATION DV ROY,

Du 24. Novembre 1639

PORTANT REFORMATION des Habits ; Et deffences de porter Paſſements d'Or, d'Argent, & toutes ſortes de Dentelles de Fil, & Poinct-Coupé.

Verifiée en la Cour de Parlement le 2. Decembre 1639.

A PARIS,

Par PIERRE ROCOLET, Imprim. &
Libraire ordinaire du Roy, au Palais, aux
Armes du Roy, & de la Ville.

M. DC. XXXIX.

Auec Priuilege de ſa Majeſté.

OVIS par la grace de
Dieu, Roy de France &
de Nauarre: A tous ceux
qui ces presentes Lettres
verront: Salut. Considerant les gran-
des & excessiues despences où le luxe & les superfluitez engagent nos
sujets, & particulierement nostre
Noblesse, nous aurions par diuerses
fois essayé d'apporter quelque re-
mede à ce mal par nos Declarations,
qui portent deffences de se seruir de
broderies, & passeméts d'or & d'argent, des dentelles, passements, broderies de fil, & autres ouurages qui
s'appliquent sur la toille: Mais quelque soin que nous y ayons peû ap-

A ij

porter, nous voyons (à noſtre grand⟨u⟩
regret) que nos bonnes intentions⟨r⟩
ont eſté juſques icy ſãs aucun fruiƈ,⟨ã⟩
ſoit par vne inclination naturelle de⟨s⟩
noſdits ſujets à ces deſpences ſuper-
fluës, excitez par l'induſtrie desMar-
chands auides de gain, ſoit auſsi par
vne negligéce des Magiſtrats à faire
obſeruer nos Reglemens. Et comme
nous ne nous relaſchons jamais des
ſoins que nous voulons auoir pour
le bien de noſdits ſujets, Nous auons
penſé qu'vne plus longue tollerance
de ce deſordre ſeroit vn moyen in-
faillible pour les porter à leur ruïne,
qui ſeroit de grand prejudice à noſtre Eſtat, & tres-aduantageux à nos
Ennemis, qui profitent de ces ſuper-
fluitez, qui ſe tirent la pluſpart de
chez eux. A quoy donc voulãt pour-
uoir, & conſiderãt que la permiſsion
que nous auons donnée à noſdits ſu-

jets par nos precedentes Declarations, de pouuoir porter des baudriers, cordons de chapeaux, esguil-
lettes & jartieres d'or & d'argent, &
des dentelles & passements de fil
jusques à vn certain prix, peut auoir
esté la cause de l'abus qui s'est intro-
duit; Nous auons estimé que par vne
deffence generale de l'vsage d'or &
d'argent, & mesmes des passements,
dentelles, & autres ouurages de fil
generallement quelconques, nos Reglemens seroient plus exactement
obseruez: Sçauoir faisons, qu'apres
auoir mis cét affaire en deliberation
en nostre Conseil; DE L'ADVIS
d'iceluy, & de nostre certaine scien-
ce, plaine puissance & autorité Roy-
ale, Nous auons statué & ordonné,
statuons & ordonnons par ces presentes ce qui ensuit.

PREMIEREMENT.

Faiſons tres expreſſes inhibitions & deffences à tous nos ſujets , de quelque qualité & condition qu'ils ſoient, de porter és habits ou ornemens, comme cordons, baudriers, ceintures, porte eſpées, eſguillettes, eſcharpes, jartieres, nœuds, rubans, tiſſus, ou tels autres ornemens qui puiſſent eſtre, aucunes eſtoffes d or & d'argent, ou barrées, & meſlées d'or ou d'argent, fin ou faux.

II.

Comme pareillement deffendons de mettre ſur leſdits habits , ou autres ornemens, aucune broderie, piqueures, emboutiſſemens , chamarreures de paſſement, boutons, houppes, cheſnettes, porfilleures, canetilles, paillettes, nœuds de ſoye, ou d'or ou d'argent, fin ou faux, trait ou filé, ou de gex, ou autre choſe ſemblable

qui pourront estre cousuës & appliquées eu forme de broderie, & dont
les habits ou autres ornemens puissent estre couuerts & enrichis.

III.

Deffendons aussi de faire appliquer sur lesdits habits, ou autres ornemens, aucunes pierreries, perles,
boutons d'or ou d'argent, simple ou
doré, cuivre ou laton doré ou émail-
lé, & tel autre façon d'orfevrerie
quelle qu'elle puisse estre.

IIII.

Voulons que les plus riches &
somptueux habillemens soient de
velours, satin, taffetas, & autres étof-
fes de soye, sans aucun enrichissemét
que de deux passements ou dentelles
de soye, de hauteur de deux doigts
au plus; lesquelles dentelles seront
appliquées sur les estoffes des habits,
sans aucune estoffe entre-deux: sça-

uoir fur les habits des hommes, deux
à l'entour du collet, & bas de leurs
manteaux, & fur le long & canon
de leurs chauffes, ouuerture des má-
ches, haut de manches, au milieu du
dos, & le long des boutons & bou-
tonnieres, & aux extremitez des
bafques, des pourpoinects, ou juppes.

V.

Et au lieu defdits paffements &
dentelles, permettons à nofdits fujets de mettre fur leurfdits habits,
quatre rangs au plus de boutons ordinaires de foye, & vn rang de boutons à queüe de foye, aux endroits
des habits fpecifiez cy-deffus.

V I.

Et quand aux habits des femmes,
filles & enfans portans robbes, lefdits paffements y feront appli-
quez, fans pouuoir mettre aucune eftoffe entre-deux, ainfi que
deffus:

deſſus : ſçauoir deux paſſements &
dentelles de la ſuſdite largeur à l'entour du bas, & au deuant des robbes
& juppes, ſur le milieu des manches,
autour des baſques, & corps de robbes & juppes.

VII.

Deffendons en outre à tous nos
ſujets, de quelle qualité & condition
qu'ils ſoient, de faire porter à leurs
Pages, Laquais, & Cochers, aucuns
habits de ſoye, ou bãdez de velours,
ſatin, ou autre eſtoffe de ſoye : Voulons qu'ils ſoient veſtus d'eſtoffe de
laine, auec deux galons ſur les cou-
ſtures & extremitez des habits ſeul-
lement.

VIII.

Voulons & entédons que ceux de
noſdits ſujets qui ſe trouuerót cótre-
uenans aux ſuſdites deffences, ſoient
condamnez en quinze cens liures

d'amande, applicable les deux tiers à l'Hospital principal du lieu où les contrauentions seront faites, & l'autre tiers au dénonciateur: voulás que les habillemens, & autres ornemens qui seront contre nos deffences, soient pareillemét confisquez, dont la moitié sera appliquée au profit du dénonciateur, & l'autre moitié au Commissaire, Archers & Sergens, qui les auront pris : n'entendons neantmoins comprendre aux susdites deffences les gardes d'espées, & les bouts des fourreaux desdites espées, & les esperons.

IX.

Deffendons à tous Tailleurs, Brodeurs, Pourpoinctiers, Chaussetiers, & autres ouuriers, tant de nostre suitte, que demeurans aux Villes ou ailleurs, de faire, ou faire faire aucuns habillemens, & autres choses cy-deſſus deffenduës, ſur peine (ſ'ils ſont trouuez contreuenans) pour la premiere fois. de confiſcation des eſtoffes & habits, & de trois cens liures d'amande; applicable comme deſſus; & pour la ſeconde (outre ladite confiſcation & amande) d'eſtre priuez de l'exercice de leur meſtier, & de punition corporelle.

X.

Deſirans pareillement empeſcher les deſpences exceſſiues qui ſe font en paſſements, dentelles, & autres ouurages de fil, Nous faiſons tres-expreſſes inhibitions & deffences à tous nos ſujets, de quelque qualité & condition qu'ils ſoient, de porter (huit jours apres la publication de la preſente Declaration) en leurs linges, collets, manchettes, bas à botter, & generallement en tous autres linges aucuns paſſements, dentelles,

entre-toilles, découpeures, ny lan-
guettes, poinct de Gennes, Ponti-
gnacs, poincts-coupez, ou autres ouurages de fil quelconque ; ny pareillement faire appliquer sur lesdits
collets, manchettes, ou autres linges,
aucunes broderies de soye, d'or,
d'argent, ou de fil, ny de mettre
sous les collets & manchettes autre
chose que de la toille simple, sans
aucune façon. Voulons que ceux de
nosdits sujets qui se trouuerõt auoir
contreuenu aux susdites deffences,
soient condamnez en quinze cens
liures d'amande, applicable, sçauoir
les deux tiers à l'Hospital principal,
& pour l'autre tiers, auec les ouurages qui seront contre nos deffences,
que nous voulons estre confisquez,
la moitié sera appliquée au dénonciateur, & l'autre moitié au Commissaire, Archers & Sergens qui les
auront pris.

XI.

Declarons neantmoins n'entendre comprendre aux susdites desfences les ouurages qui se ferót pour seruir dans les Eglises, permettans aux Ecclesiastiques de faire appliquer à leurs Rochets, Surplis, Aubes, & autres choses qui leur sont necessaires pour le seruice de l'Eglise, toute sorte de passement & ouurage de fil.

XII.

Et d'autant que les marchands Lingers sont la principalle cause du luxe & despences excessiues qui se font faites par nos sujets, Nous leur faisons tres-expresses inhibitions & deffences, & à tous nos autres sujets, de quelque qualité & condition qu'ils soient, d'achepter ny faire trafic d'aucuns ouurages de passemens faits hors nostre Royaume, ny mes-

me d'achepter , ny faire trafic de
poincts-coupez, ou autres ouurages
de fil, faits en noftre Royaume, imi-
tans les ouurages des pays eftran-
gers, fors des paffements de hauteur
d'vn pouce , que nous permettons
eftre faits par nos fujets, & acheptez
par lefdits Marchands, & qui pourront eftre vendus feullement pour
eftre mis aux ouurages feruans à
l'Eglife.

XIIL

Et en cas de contrauention à nof-
dites deffences par lefdits Marchãds
ou autres nos fujets, Nous voulons
que les marchandifes qui feront
par eux acheptées foient bruflées,
& en outre que les contreuenans
foient condamnez en quinze cens
liures d'amande , applicable ainfi
que deffus. Voulons de plus , que
toute la marchandife des Marchãds

qui se trouueront auoir trafiqué, tãt
dedans que dehors nostre Royaume, desdits ouurages cy-dessus def-
fendus , soit bruslée , & lesdits
Marchands condamnez en six mille
liures d'amande, applicable comme
dessus, & priuez pour jamais de faire aucune exercice de marchandise , ny d'aucune autre charge.

XIIII.

Et affin que lesdits Marchands ne
prennent occasion de continüer le-
dit trafic , supposans que ce sont
marchandises qu'ils auoient auant
nostre present Edict: Voulons & ordonnons que quinzaine apres la publication d'iceluy, ils se transportét
és Greffes des Iurisdictions ordinaires des lieux où ils seront demeurás
& domiciliez, pour là affirmer & de-
clarer la quantité qu'ils ont parde-
uers eux desdites marchandises, dót

ils laisseront vn inuentaire signé
d'eux : Sur lequel inuentaire enjoignons ausdits Iuges ordinaires de
faire la visite desdites marchandises
en preséce des Maistres & Gardes de
la marchandise, sans que pour ce ils
puissent prendre ny exiger aucun
salaire.

XV.

Enjoignons pareillement aux
Maistres Gardes desdites marchandises de veiller & tenir la main, à ce
qu'il ne s'achepte & débite aucunes
des marchandises & ouurages def-
fendus dans les boutiques des Marchands, & faire incontinent le rap-
port à la Police des contrauentions
qui seront faites, à peine d'estre priuez, pour leur negligéce, de pouuoir
jamais exercer la marchandise.

XVI.

Voulons & entendons que les
Senten-

Sentences & Iugemens des confis-
cations & amandes qui seront ren-
dus à l'encontre des contreuenans à
nos presentes deffences soient exe-
cutez, nonobstant oppositions ou
appeilations quelconques , & sans
préjudice d'icelles. SI DONNONS
EN MANDEMENT à nos amez
& féaux Conseillers les Gens tenans
nos Cours de Parlemens, Baillifs, Se-
neschaux, Iuges, ou leurs Lieute-
nans, & à tous nos autres Iusticiers
& Officiers qu'il appartiendra , que
ces presentes ils facent lire, publier,
registrer, executer, garder & obser-
uer inuiolablement, selon leur forme & teneur. Enjoignons à nos
Procureurs generaux, leurs Substituds, y tenir la main, & faire toutes
les diligences requises & necessaires
pour ladite execution : Car tel est

C

noſtre plaiſir. En teſmoin dequoy nous auons fait mettre noſtre ſcél à ceſdites preſentes. Donné à S Germain en Laye le 24. jour de Nouembre , l'an de grace 1639. Et de noſtre regne le trentiéme.

Signé,

LOVIS.

Et plus bas,

Par le Roy,

DELOMENIE.

Et ſcellé du grand ſcéau de cire jaune.

Et encor eſt eſcrit;

Leües, publiées & regiſtrées, ouy & ce requerant le Procureur general du Roy, pour eſtre

executée, gardée & obseruée, selon leur forme & teneur, & aux
charges contenües au Regi-
stre du deuxiéme de ce mois ;
Qui sont, qu'en consequence
desdites Lettres, à ce que fraude
ne soit faite à l'execution d'icelles, conformément aux Arrests
precedens ; Ladite Cour fait ite-
ratiues inhibitions & deffences
à toutes personnes, de porter frai-
ses ou collets où il y ait, tant
dessus que dessous, aucunes découpeures de toille, papier, ou
velin, & peintures ; ny mettre
ou faire mettre aux linceuls &
draps de lict aucuns passements,
dentelles, ou poinct-couppé, sur

les peines portées par lesdites
Lettres: Enjoinct aux Officiers
& Iuges ordinaires des lieux de
tenir la main à l'execution desdites Lettres & Arrest ; & cop-
pies collationnées d'icelles, enuo-
yées aux Bailliages & Senef-
chaussées de ce ressort, pour y estre
pareillement leües, publiées, regi-
strées & executées, à la diligence
des Substituds du Procureur general, qui en certifficröt la Cour
auoir ce fait au mois. Fait en
Parlement le cinquiéme jour de
Decembre, mil six cens trente-
neuf.

Signé,

DV TILLET.